SEA SHEPHERD
SEA SHEPHERD
SEA SHEPHER

EA SHE
D.O

STEVE IRWIN
77
ESSENTIAL
150N
MANUAL
PFD

EINE BEWEGUNG KANN MAN NICHT ZERSTÖREN

Erste Auflage 2016

Umschlagfoto sowie alle weiteren Abbildungen im Buch:
© Archiv der Sea Shepherd Conservation Society
Gestaltung: Bayerl & Ost, Frankfurt am Main
Druck: druckhaus köthen, Köthen (Anhalt)
Printed in Germany

Weitere Titel des Verlags unter www.editionfaust.de

ISBN 978-3-945400-38-8

Captain Paul Watson
im Gespräch mit Michele Sciurba und Sarah Schuster

Aus dem Englischen übersetzt
von Regine Strotbek

editionfaust

Paul Watson mit einer Seehund-Robbe auf dem Eis

Wir haben den Umweltaktivisten und Gründer der Sea Shepherd Conservation Society Paul Watson bei der UN-Klimakonferenz Ende 2015 in Paris getroffen, nur zwei Wochen nach den Pariser Terroranschlägen, deren Ziel es war, so viele unschuldige Opfer wie möglich zu töten. Dieses tragische Ereignis war das eine, was uns bedrückte, das Sterben unserer Ozeane und das Aussterben zahlreicher Pflanzen- und Tierspezies das andere: 50 Prozent der gegenwärtig existierenden Arten werden bis zum Ende dieses Jahrhunderts von unserem Planeten verschwunden sein, wenn wir keine Kurskorrektur vornehmen. Uns hat beeindruckt, wie es Paul Watson mit großem Humor, einer positiven Einstellung und einer zutiefst empathischen Haltung gelingt, den Mut nicht sinken zu lassen. »Man kann ein Individuum zugrunde richten und eine Organisation zerschlagen, aber eine Bewegung kann man nicht zerstören«, sagte er in dem Wissen, dass wir alle zusammenarbeiten müssen, um ein Problem zu lösen, das uns über den Kopf zu wachsen droht.

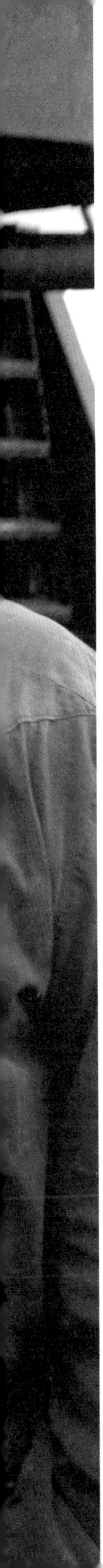

TEIL 1

Flucht aus Deutschland & Die Spielregeln der Medienkultur

Paul Watson, 2007

Wir waren schockiert, als wir im Mai 2012 hörten, dass Sie in Frankfurt verhaftet wurden. Wir leben in Frankfurt. War Ihnen damals bewusst, dass eine Rote Ausschreibung von Interpol gegen Sie vorlag?
Es existierte noch keine Rote Ausschreibung von Interpol, als man mich festnahm. Bei der Landung in Frankfurt wusste ich nicht einmal, dass international nach mir gefahndet wurde. Man sagte mir lediglich: »Wir haben einen Haftbefehl gegen Sie.« Aber von wem? »Costa Rica«, erklärte man. Costa Rica? Ich war seit zehn Jahren nicht mehr in Costa Rica gewesen. Wie kann es da einen Haftbefehl gegen mich geben?

Was geschah als Nächstes?
Sie nahmen mich mit und verhafteten mich. Am nächsten Tag brachten sie mich ins Gefängnis. Der Richter hielt dies für Unsinn und meinte, in einem Tag etwa sei ich wieder auf freiem Fuß. Auch der Staatsanwalt fand es lächerlich. Aus irgendeinem Grund zeichnete sich aber kein Ende ab. Die Justizministerin Sabine Leutheusser-Schnarrenberger erhielt alle möglichen Petitionen, unzählige Namen, aber sie ignorierte sie und ließ von ihrer Linie nicht ab. Ich freute mich, als ich hörte, dass sie und ihre Partei abgewählt wurden. Sie war verantwortlich dafür.

Wann kam es zur Roten Ausschreibung gegen Sie?
Erst als ich Deutschland verlassen hatte. Zuvor hatte Costa Rica offensichtlich meine Festnahme mit dem Ziel der Auslieferung beantragt, und Japan hatte mich auf die Blaue Liste setzen lassen, aber beide Ersuchen wurden von Interpol* schließlich abgelehnt. Deutschland brachte mich auf die Rote Liste. Es war nicht Costa Rica, auch nicht Japan, sondern Deutschland.

Deutschland? Das ist uns neu.
Das passierte einen Monat nach meiner Flucht, und ich bin der Meinung, dass die deutsche Justizministerin dahintersteckte. Interpol hatte den Costa Ricanern und Japanern nicht geglaubt, aber mit den Deutschen zogen sie mit.

Die Vorkommnisse, die zu den Anschuldigungen und schließlich zu Ihrer Verhaftung führten, lagen also zehn Jahre zurück. Wie kam es überhaupt dazu?
Wir engagieren uns schon jahrelang auf der zu Costa Rica gehörigen Kokos-Insel. Als wir uns 2001 dort einfanden, fing der große ecuadorianische Langleinenkutter *San José* Haie, aber die Ranger auf der Kokos-Insel hatten keine Boote, um etwas dagegen unternehmen zu können. Sie hatten zunächst sogar Angst vor uns, weil sie uns für Wilderer hielten. Ich fragte sie über Funk, ob sie Hilfe bräuchten, was sie bejahten. Zusammen beschlagnahmten wir die *San José*, das erste Schiff in der Geschichte Costa

* Interpol Rote Ausschreibung/Rote Liste: Internationale Anfrage von Interpol zur Vollstreckung eines Haftbefehls, der durch ein nationales oder internationales Gericht ausgestellt wurde, um eine gesuchte Person zu verhaften und auszuliefern. Interpol Blaue Ausschreibung/Blaue Liste: Internationale Anfrage von Interpol, Informationen über eine Person zu liefern, die Gegenstand strafrechtlicher Ermittlungen ist, sie zu identifizieren und ihren Aufenthaltsort bekannt zu geben.

Shark-Finning

丸新勇三
YUSHIN MARU

ZEPPELIN

Ricas, das durch Gerichtsbeschluss wegen illegalen Fischfangs beschlagnahmt wurde. Wir zählten 300 bis 400 Haie an den Köderhaken. Das war zwei Meilen vor der Küste in einem Meeresschutzgebiet. Aus diesem Grund wurden wir aufgefordert, mit dem costa-ricanischen Umweltministerium zusammenzuarbeiten. Im folgenden Jahr, ich war gerade auf dem Weg zum Umweltminister, stießen wir in guatemaltekischen Gewässern auf ein costa-ricanisches Schiff, das dort illegal Haie jagte. Die guatemaltekische Regierung, die ich verständigte, bat uns, es zu stoppen. Ich sagte zu. Wir benutzten eine Wasserkanone, weil sie sich weigerten, ihre Jagd einzustellen – selbstverständlich ohne Eigentum zu beschädigen oder jemanden zu verletzen. Wir dachten uns nichts weiter dabei, aber als wir in Puntarenas einliefen, wurde ich plötzlich in acht Fällen des versuchten Mordes beschuldigt, weil die Fischer behaupteten, ich hätte sie töten wollen.

Wie reagierten Sie darauf?
Wir waren guter Dinge, weil wir damals gerade einen Film drehten, *Sharkwater – Wenn Haie sterben*, mit Rob Stewart, der alles aufnahm, absolut alles. Wir hatten den Film, Fotos und 35 Zeugen gegen acht Fischer, die nichts vorweisen konnten und gewildert hatten. Als wir vor Gericht standen, wurden alle Beweise gewürdigt und die Anklagepunkte fallengelassen. Infolgedessen war ich frei. Eine Woche später nahm mich die Polizei wieder fest. Dieses Mal wegen Körperverletzung in acht Fällen. Im Gerichtssaal zeigten wir den Film, und die Zeugen sagten aus. Wieder wurde die Klage abgewiesen, und ich erhielt die Erlaubnis, das Land zu verlassen. Mir war in der ganzen Zeit, die seitdem vergangen

war, nie etwas Anderslautendes zu Ohren gekommen, bis ich zehn Jahre später in Frankfurt landete. Zehn Jahre waren vergangen! Und nun warf man mir vor, dass ich die Fischer in Gefahr gebracht hätte, Schiffbruch zu erleiden, was auf Terrorismus hinausläuft. Interessant ist, dass das alles passierte, während Laura Chinchilla, die costa-ricanische Präsidentin, den japanischen Premierminister in Tokio traf. Einen Monat nach meiner Verhaftung in Frankfurt machte Japan den Costa Ricanern ein Neun-Millionen- Dollar-Geschenk.

Ich glaube, die costa-ricanische Präsidentin war am Tag Ihrer Festnahme auch in Deutschland.
Das Ganze war politisch motiviert.

Wahrscheinlich bat sie die Deutschen, eine Anklage vorzubringen, wo es nichts anzuklagen gab.
Die Formulierung der Anschuldigung gegen mich war ebenfalls interessant. Sie besagte, dass sich der Vorfall in internationalen Gewässern abgespielt hätte, gab aber eine Position in guatemaltekischen Hoheitsgewässern an. Der Vorwurf enthielt also einen Widerspruch. Aber die Gerichte wiesen jeden Einspruch ab. Mir wurde gesagt, ich solle mich an Costa Rica wenden. Ich dachte mir, wenn ich nach Costa Rica gehe, kann es gut sein, dass man mich zwar nicht für schuldig befindet, aber ins nächste Flugzeug nach Japan setzt.

Wie fühlten Sie sich, als Sie Frankfurt verließen?
Ich war zwei Monate in Deutschland, als jemand aus dem Justizministerium Kontakt mit uns aufnahm. Er sagte, dass man mich am Montag, wenn ich mich der Auflage gemäß bei der Frankfurter

第三勇新
YUSHIN MARU No.3

ZEPPELIN

Polizei melde, verhaften und mich nach Japan ausliefern würde. Nicht Costa Rica, sondern Japan! Um es gar nicht erst so weit kommen zu lassen, fuhr ich in die Niederlande. Sea Shepherd Frankreich schickte die *Columbus* dorthin, um mich in den Niederlanden an Bord zu nehmen, danach überquerten wir den Atlantik. Dort stieg ich auf die *Brigitte Bardot* um und vor der Küste Amerikanisch-Samoas im südlichen Pazifik von der *Brigitte Bardot* auf die *Steve Irwin.*

Wie lange dauerte das?
Ich war von August bis Oktober, ja sogar noch im November unterwegs – die Fahrt zog sich hin. Wir fuhren runter nach Neuseeland. Ich hatte drei Schiffe, so dass ich immer auf ein anderes wechseln konnte, wenn ich eines zum Auftanken an Land schicken musste. Die Neuseeländer wussten, dass ich mich in der Nähe aufhielt, und versuchten, mich auf einem der Schiffe zu verhaften, aber ich war nicht an Bord. Im Anschluss starteten wir eine Kampagne im Südpolarmeer – das muss von Januar bis März gewesen sein. Dann umschifften wir die Kerguelen-Inseln im Indischen Ozean. Mitte März stieg ich vor der Küste Tasmaniens von der *Steve Irwin* wieder auf die *Brigitte Bardot* um. Die Zeit von März bis September verbrachte ich in Tonga, Samoa, Neukaledonien, Vanuatu und auf dem Great Barrier Reef, hauptsächlich auf unbewohnten Inseln. Nur auf einigen Tonga-Inseln waren ein paar Tonganer, aber die scherte das wenig. *(lacht)* Es war eine schöne Erfahrung. Ich hielt mich in der freien Natur auf, mit Haien, Schildkröten und Vögeln. Alles war sehr angenehm. Ich fand es herrlich, auf diesen unbewohnten Inseln zu sein.

Was passierte in der Zwischenzeit?
Unterdessen bemühten sich meine Freunde, das amerikanische Außenministerium zur Prüfung der Angelegenheit zu bewegen. Der Grund, weshalb mich die Japaner ergreifen wollten, ist folgender: 2010 hatten wir ein Schiff namens *Ady Gil*. Es gehörte uns zwar nicht, aber es arbeitete mit uns zusammen. Die Japaner zerlegten es in zwei Hälften. Sie fügten einem Zwei-Millionen-Dollar-Schiff einen Totalschaden zu und mussten sich vor niemandem verantworten – geschweige denn die Folgen tragen. Der Kapitän der *Ady Gil*, ein Mann namens Pete Bethune, ging zu den Japanern an Bord, um den Kapitän, der gerade sein Schiff zerstört hatte, zur Rede zu stellen. Vor laufender Kamera sagte ich: »Ich halte das für keine gute Idee und rate dir, es bleiben zu lassen«, aber er hörte nicht darauf und wurde festgenommen. Zu den Japanern meinte er, Haft mache ihm nichts aus, er sei bereit, im Gefängnis zu sitzen. Also nahmen sie ihn den ganzen Weg zurück mit nach Japan, wo er sich mit ihnen auf einen Deal einließ: Wenn er mich beschuldigen würde, ihm befohlen zu haben, das Schiff zu betreten, könne er mit Strafaussetzung zur Bewährung rechnen. Dann sollte ich wegen Verabredung zum Hausfriedensbruch angeklagt werden. In der Geschichte ist noch nie jemand wegen Verabredung zum Hausfriedensbruch auf die Rote Liste gesetzt worden. Es gab kein Eigentumsdelikt, keine Verletzten, keinen Gelddiebstahl, und Staatsgeheimnisse wurden auch nicht verkauft, nichts dergleichen. Die Rote Liste ist Serienmördern und Kriegsverbrechern vorbehalten. Die Anschuldigung hatte zur Folge, dass ich auf die Blaue Liste kam, was bedeutete, dass ich überall, wohin ich ab 2011 ging, sei es in Süd-

三勇新丸
HIN MARU No.3
TOKYO

LEGAL RESEARCH
UNDER THE ICRW
WWW.icrwhale.org
SEA SHEPHERD CREW

afrika oder sonst wo, zum Verhör aufgehalten und die Information anschließend nach Japan weitergeleitet werden konnte. Nur um mich zu kontrollieren. Während ich auf See war, suchten unsere Rechtsanwälte Bethune auf, der sich einverstanden erklärte, eine eidesstattliche Erklärung zu unterzeichnen, die besagte, dass er die Japaner angelogen hatte. Das stimmte ja auch. Weil er unterschrieb, kam das amerikanische Außenministerium zu der Erkenntnis, dass es sich offenkundig um ein abgekartetes Spiel handelte. So erhielt ich vom US State Department die Erlaubnis, in die Vereinigten Staaten zurückzukehren.

Sie haben die amerikanische Staatsangehörigkeit?
Ich bin Kanadier und Amerikaner. Ich besitze beide. Aber ich hatte nach meiner Flucht aus Deutschland 17 Monate lang weder Papiere noch einen Pass. Die Deutschen übergaben meine Ausweise den Botschaften. Die US-Botschaft ließ meinen Pass meinem Anwalt zukommen, aber die Kanadier konfiszierten den anderen, deshalb war es gut, dass ich den amerikanischen hatte. In Wirklichkeit überließ mein Anwalt meinen Pass zwei *Spiegel*-Reportern, die dann an Bord des Schiffes vor der Küste Tasmaniens waren und ihn mir dort aushändigten.

Während Ihres langen Aufenthalts auf See konnten Sie nicht sicher sein, ob Sie in die Vereinigten Staaten zurückkehren oder nach Frankreich gehen würden. Was war damals Ihre Perspektive?
Ich hatte Zusicherungen vom US State Department, dass ich keine Schwierigkeiten zu befürchten hätte. In Los Angeles erwartete mich Bobby Kennedy junior, um mir behilflich zu sein. Als das Schiff in den

Hafen einlief, war von den Behörden niemand da. *(lacht)* Das war wirklich komisch. Erst eine halbe Stunde nach der Landung kamen sechs Typen von der Homeland Security. »Haben Sie Ihren Pass, Sir?« Sie sahen sich meinen Ausweis an. »Willkommen zu Hause!« Das war alles.

Nach einem ganzen Jahr Flucht passierte nichts weiter?
Nach 15 Monaten wurde mir keine einzige Frage gestellt.

Ihr Anwalt sagte uns, dass Sie damals krank waren.
Ja, ich war angeschlagen, als ich Deutschland verließ. Ich hatte ein entzündetes Bein.

Wie war Ihre Gemütsverfassung während der 15 Monate auf See, gesundheitlich angeschlagen und ohne zu wissen, ob Sie ein »Willkommen zu Hause« erwarten würde?
Ich versuchte immer, das Beste aus allem, was mir widerfuhr, zu machen. Für mich waren die 15 Monate ein Abenteuer. Auf diese Weise bekam ich vieles zu Gesicht: Schildkröten, die auf Vanuatu an Land kamen, und den Dschungel in Tonga, wie sollte ich mich darüber beklagen.

Jagte Ihre Situation Ihnen denn keine Angst ein?
Nein, eigentlich nicht. Die amerikanische Fernsehshow *60 Minutes* besuchte mich auf dem Great Barrier Reef zu einem Interview. Die Australier wussten, dass ich dort war. Es war sehr interessant. Als unser Schiff eines Tages einlief, sagte der Typ vom Zoll: »Wir wissen, was Sache ist, passen Sie gut auf sich auf.« *(lacht)*

日新丸
NISSHIN MARU
東京
TOKYO
SHEPHERD
CREW

Woher wussten sie Bescheid?
Es ist nicht einfach, in Australien einzureisen. An ihren Grenzen sind sie sehr streng, besonders, wenn man auf dem Seeweg kommt. Wir schickten die *Brigitte Bardot* nach Sydney, um aufzutanken. Mir blieb gar nichts anderes übrig, als mich an Bord aufzuhalten, denn einen anderen Ort gab es nicht. Als sie eintrafen, um das Schiff zu klarieren, kamen sie nicht an Bord. Weil die Möglichkeit bestand, mich vorzufinden, verzichteten sie lieber auf die Formalitäten.

Weil ihnen klar war, dass sie einschreiten müssten, sobald sie Kenntnis davon hätten.
Richtig, hätten sie meine Anwesenheit bemerkt, hätten sie Maßnahmen ergreifen müssen. Ich konnte hören, wie sie sich draußen unterhielten. Sie sprachen bloß übers Wetter und über Fisch, und dann gingen sie wieder.

Warum entschieden Sie sich bei Ihrer Rückkehr für Frankreich?
Wegen meiner Frau. *(lacht)*

Das ist ein guter Grund.
Yana konnte nicht in die Vereinigten Staaten kommen, weil sie einen russischen Pass besitzt. Sie stammt aus Kasachstan. Aber sie lebte schon 15 Jahre in Paris. Ihre Bemühungen um ein Visum waren vergeblich, deshalb hatte ich keine andere Wahl. Ich musste hierherkommen. Als ich in Paris landete, erwartete sie mich am Flughafen. Bei der Kontrolle zeigte ich meinen Pass vor. Wieder klappte es einfach so. Die Polizei beobachtete zwar meine Ankunft, aber die war offensichtlich kein

WWW.icrwhale.org
SEA SHEPHERD CREW
SEA SHEPHERD CREW

RESEARCH
侵入禁止
DELTA

MERCURY

Mit Brigitte Bardot

Problem. Und dabei blieb es, seitdem ich hier bin. Einmal hatte ich in einer Fernsehshow einen Live-Auftritt, der den japanischen Nachrichtenmedien nicht entging. Als ich das Studio verließ, stand das japanische Nachrichtenteam direkt vor mir und wollte wissen, ob ich keine Angst vor einer Auslieferung hätte. Ich antwortete: »Nein, Frankreich wird mich nicht ausliefern.« In diesem Augenblick kamen sechs Polizeibeamte vorbei und fragten, ob ich von diesen Leuten belästigt werde.

Wir leben in einer Medienkultur

Für die Öffentlichkeit geben Umweltaktivisten im Allgemeinen kein Rollenmodell ab. Aber Sie sind eines. Meine Nichte ist jetzt 18 Jahre alt und sehr stolz auf ihre Sea-Shepherd-Mütze. Wir haben sogar eine Folge von Southpark, *in der es um Sie ging, gesehen. Aber das ist noch nicht alles, zum Beispiel waren in* The Soup *mit Joel McHale auf E! Entertainment oft Ihre* Whale Wars*-Episoden zu sehen. Die Popkultur hat Sie für sich entdeckt.*
Die *Southpark*-Folge war interessant, denn sie ließ kein gutes Haar an uns. Ich schrieb daraufhin an *Southpark* und an Trey Parker, einen der Schöpfer der Serie, dass ich die Sendung großartig fand. Da wurden sie sehr wütend auf mich, denn eigentlich wollten sie mich stinksauer machen.

Wir fanden toll, dass das Töten der Wale und Delphine dabei am schlechtesten wegkam.
Sie ließen mich schlecht aussehen, mehr noch, sie ließen alle schlecht aussehen. Ich schrieb ihnen,

Pamela Anderson als Werbeträgerin für Sea Shepherd

dass sie vorzügliche Arbeit geleistet hätten und dem Genre der Mainstream-Medien vollauf gerecht geworden seien. Wissen Sie, was Trey Parker in einem Interview äußerte? Er erklärte, und ich zitiere wörtlich: »Er ist ein verdammter Lügner.« Das hat er über mich gesagt. Ich war davon ausgegangen, dass er meine Worte richtig auffassen würde. Wir ließen sogar unsere eigenen T-Shirts mit *Southpark*-Figuren bedrucken, zum Beispiel mit einer kleinen Katze namens »Vegan Pussy«. Alle sagten, das könnt ihr nicht machen, die werden euch verklagen. Ich sagte nein, die können uns gerichtlich nicht belangen, aber wenn sie es tun sollten, wäre das wunderbar. »*Southpark* reicht Klage ein«. Nur zu! Tut euch keinen Zwang an.

Das wäre eine ausgezeichnete Publicity.
Man muss das Ganze mit Humor nehmen. Jedes Medium ist ein gutes Medium. Dass Greenpeace zu dem wurde, was es heute ist, war kein Zufall. Diese Organisation wurde von uns, einer Gruppe von Journalisten und Fernsehleuten, gegründet. Ich studierte Kommunikationswissenschaft an der Universität in Vancouver und hatte das Glück, dass während meines Studiums Marshall McLuhan dort lehrte. Marshall McLuhan war der Guru der Kommunikationswissenschaft und Autor der Bücher *Laws of Media*, *Die Gutenberg-Galaxis* und *Das Medium ist die Botschaft*. Er verstand die Mittel der Medien und dass wir in einer Medienkultur leben. Um zu überleben, muss man diese Mittel kennen. Die Kamera ist die wichtigste Waffe, die jemals entwickelt wurde. Was sind die Medien? Dazu zählen nicht bloß Zeitungen, Zeitschriften und das Fernsehen, alles ist ein Medium. Letzten Monat hielt ich

Der Schauspieler Martin Sheen mit Paul Watson

Die Popgruppe Red Hot Chili Peppers

eine Rede vor dem Umweltministerium der russischen Regierung. Genauer gesagt, ich verfasste sie, trug sie aber nicht persönlich vor. Weil sie mir nicht zuhören würden, bat ich Pamela Anderson, sie zu halten. Sie bekam stehenden Beifall. Pamela Anderson ist ein Medium und gehört jetzt der Leitung unserer Organisation an. Ich habe diese Lektion vor Jahren gelernt, als 1977 Brigitte Bardot mit vor Ort war auf dem Eis vor der Küste von Labrador. Damit hatten wir uns eine Titelgeschichte in den deutschen Magazinen *Bunte* und *Stern* gesichert.

Sie brachten Ihre Botschaft also auf einem kleinen Umweg unter die Leute?
Am allerkomischsten war es, als Pierce Brosnan eingeladen wurde, vor der NATO zu sprechen, und mich bat, eine Rede für ihn zu schreiben. Warum sollte die NATO ihn zu einem Vortrag einladen, fragte ich ihn. »Sie scheinen in mir einen Experten für den Kalten Krieg zu vermuten«, antwortete er. Und so verfasste ich eine NATO-kritische Rede. Er las sie vor, und alle waren begeistert, weil er James Bond ist. Der springende Punkt ist Folgendes: Wir bei Sea Shepherd sagen zwar, dass wir William Shatner, Sean Connery, Pierce Brosnan, Christian Bale, Richard Dean Anderson, Martin Sheen und Pamela Anderson in unseren Reihen haben. In Wirklichkeit aber haben wir: MacGyver, zwei James Bond, Batman, Captain Kirk und sogar den ehemaligen Präsidenten der Vereinigten Staaten Martin Sheen. Viele Leute in Amerika glauben, dass er Präsident war. Genau das bewirkt die Medienkultur. Ich schlug Martin einmal vor, er solle für das Präsidentenamt kandidieren. Womöglich könnte er gewinnen. *(lacht)*

ERCURY
CURY

DELTA

Das gefährliche Leben der Umweltschützer

Veränderte Ihre Flucht Ihre Sicht auf Deutschland? Sie sagten, dass Sie es nicht mehr besuchen würden.
Ich würde allein deshalb nicht mehr dorthin gehen, weil nicht sicher ist, ob ich je wieder herauskommen würde.

Da ist was dran. Hat Ihre Erfahrung Ihre Wahrnehmung des Landes verändert?
Ich sehe Länder nicht als Länder. Ich erkenne Länder nicht an. Für mich sind sie lediglich Abstraktionen, die die Menschen voneinander trennen. Über den Planeten verlaufen keine Grenzlinien. Vor ein paar Jahren war ich in einem Restaurant in den Vereinigten Staaten mit dem Namen »Medieval Times«. Man kann dort Rittern auf Pferden zusehen, die Zweikämpfe austragen, während man ein mittelalterliches Mahl serviert bekommt. Das erlaubt Einsichten in den Nationalismus, denn man darf sich seinen Platz dort nicht frei aussuchen, so wie man sich seinen Geburtsort nicht aussuchen kann. Sie wiesen uns einen Platz im blauen Bereich an – daneben gibt es noch den roten, schwarzen und gelben Bereich –, von dort dürfen Sie Ihrem Ritter Beifall klatschen. Dem blauen Ritter. Was in Ordnung ist. Es macht ja Spaß. Außer wenn 20 Minuten später der blaue Bereich den gelben und der rote Bereich den schwarzen hasst und »Lass unseren Ritter in Ruhe!« brüllt. Die Sache ist komplett fingiert und bedeutet absolut nichts. Dasselbe trifft auf den Nationalismus zu. Es ist ein Partei-Ergreifen, Stammesbewusstsein. Aber es gibt keine Unterschiede zwischen den Menschen.

Haben Ihre Flucht und die damit verknüpfte Geschichte Auswirkungen auf Ihr heutiges Handeln? Schlagen sie sich in Ihren derzeitigen Aktionen nieder?
Ich denke schon. Momentan bin ich hier in Frankreich. Sobald wir ein Visum für Yana haben, sollte es uns möglich sein, in die Vereinigten Staaten zurückzukehren. Ich könnte es auch mit Italien versuchen, vielleicht geht es gut, vielleicht nicht. Das kann man vorab nicht wissen. Ich glaube nicht, dass ich das Risiko mit Deutschland eingehen würde. *(lacht)* Alle in Deutschland unterstützten mich, der Oberbürgermeister von Berlin, der Staatsanwalt, die Rechtsanwälte, jedermann, den ich traf; auf Frankfurts Straßen begegnete ich keinem, der mir nicht seine Hilfe anbot. Warum also diese Entscheidung aus heiterem Himmel? Das habe ich nie verstanden.

Die kam für uns alle überraschend. Wir hatten den Eindruck, dass ein paar Bürokraten Costa Rica einen Gefallen tun wollten.
Und Japan.

Dass die costa-ricanische Anschuldigung aus der Luft gegriffen war, wussten wir.
Als ich in Deutschland war, traf ich mich mit dem costa-ricanischen Außenminister. Er erklärte sich tatsächlich zu einer Begegnung mit mir bereit. Ich legte ihm alles dar. Er sagte, es gebe keine Beweise, dass diese Fischer gewildert hätten. Ich erwiderte, dass wir es gefilmt hätten. Es handle sich um ein Schiff für die Haifischjagd. Dasselbe Schiff sei ein Jahr zuvor bei den Galapagos-Inseln von der ecuadorianischen Regierung beschlagnahmt worden.

»Sie haben keinen Beweis«, sagte er. Ich wiederholte, dass wir im Besitz von Filmmaterial seien und es eine Akte in Ecuador gebe. »Das ist nicht von Belang«, war seine Antwort.

Wurden die Beweise abgelehnt? Sie lagen doch vor.
Sie weigerten sich, sie anzuerkennen. Costa Rica ist unglaublich korrupt, in den Gremien des Landes sitzen Drogenbarone. Als ich auf See war, wurde am 31. Mai 2014 Jairo Mora Sandoval am Strand von Moín ermordet. Ein 26-jähriger Umweltschützer wurde umgebracht, weil er Schildkröten schützte. Der ersten Verlautbarung der Regierung zufolge soll es sich um einen Unfalltod gehandelt haben, aber er wurde zu Tode geprügelt. Also setzte ich 30.000 Dollar zur Belohnung aus, für Informationen, die zur Ergreifung seiner Mörder führen, und hängte die Sache so an die große Glocke, dass Laura Chinchilla die *Tico Times* zu sich zitierte und ihr drohte, falls sie Artikel von Paul Watson veröffentlichen sollte. »Unterlassen Sie das, er ist ein gesuchter Verbrecher«, sagte sie. Die *Tico Times* hielt dagegen, sie werde nach eigenem Ermessen alles publizieren. Die sieben Personen, die Jairo Sandoval umbrachten, wurden tatsächlich festgenommen.

Die Mörder wurden gefasst dank der Aufmerksamkeit, für die Sie gesorgt hatten?
Ja, sie wurden gefasst, und man machte ihnen den Prozess. Alle wurden für *nicht schuldig* befunden.

Nicht schuldig?
Der Staatsanwaltschaft war das Beweismaterial abhandengekommen.

Auf hoher See

Abhandengekommen? Sie hielt Ihr Video-Beweismaterial für irrelevant?
Die Empörung der Costa Ricaner über die ganze Geschichte war immens.

Da kann man wirklich von einem hohen Korruptionsniveau sprechen.
Wenn Sie sich intensiver mit der Materie beschäftigen, ist jeder in Costa Rica ermordete Umweltschützer ein ungelöster Fall. Vor ein paar Jahren wurde eine Kanadierin umgebracht – unaufgeklärt. Ein weiterer Umweltschützer wurde 2011 ermordet – ebenfalls unaufgeklärt. Es ist dort extrem gefährlich für uns. Im vergangenen Jahr brachten wir unsere Besatzung nach Costa Rica, um Schildkröten zu schützen. Wir wurden von den Schildkröten-Jägern angegriffen und mussten zwei Leute vom Sicherheitsdienst anheuern. Inzwischen machen wir dasselbe in Honduras und in Kolumbien, ohne dass man uns Schwierigkeiten bereitet. Wir können in Zusammenarbeit mit der honduranischen Marine eine hundertprozentige Erfolgsquote verzeichnen. In Costa Rica hingegen ist man auf Haifischflossen und Schildkröteneier erpicht, es ist widerlich. In meinen Augen ist Costa Rica in Sachen Umweltschutz das korrupteste Land Lateinamerikas, aber sie verfügen über hervorragende Public Relations. Wir arbeiteten mit Kolumbien, Ecuador, Panama, Honduras und Guatemala zusammen und jetzt auch mit Mexiko. Costa Rica ist aus irgendeinem Grund unser einziges wirkliches Problem und die Kokos-Insel, die als Zwischenstation für den Rauschgifthandel dient, der Schlüssel dazu. Dort sind Patrouillen unerwünscht. Jeder, der vor der Kokos-Insel

tauchen will, muss eine Umweltschutzgebühr in Höhe von 200 Dollar bezahlen. Das ist ziemlich viel Geld. Wenn man sich jedoch mit den Rangern auf der Insel unterhält, erfährt man, dass nichts davon bei ihnen ankommt. Sie haben kein Geld, geschweige denn Boote. Ich bot ihnen zwei ehemalige Hochgeschwindigkeitspatrouillenboote der US-Küstenwache an. Aber Costa Rica lehnte ab.

Glauben Sie, dass die Sea-Shepherd-Aktivitäten im Endeffekt die Welt verändern?
Ich bin durchaus dieser Meinung. Als die Japaner hinter mir her waren, erkannten sie unter anderem, dass nicht ich Sea Shepherd bin. Sea Shepherd entwickelte sich von einer Organisation in den Vereinigten Staaten zu einer globalen Bewegung in 45 verschiedenen Ländern. Sea Shepherd Deutschland unterscheidet sich von Sea Shepherd Frankreich, aber alle arbeiten zusammen. Man kann ein Individuum zugrunde richten und eine Organisation zerschlagen, aber eine Bewegung kann man nicht zerstören.

SEA SHEPHERD.ORG

TEIL 2

Einblicke in die Sea Shepherd Conservation Society, illegaler Fischfang & Gedichte

Wie rekrutieren Sie Leute für die Aktivitäten von Sea Shepherd*?*
Es sind Freiwillige. Wir haben derzeit schätzungsweise 5.000 Personen auf der Liste. Der schwierigere Part ist, wenn man einer beträchtlichen Anzahl absagen muss, weil sich zu viele zugleich auf den Weg machen wollen. Wir führen eine Datei und setzen uns mit den Leuten anhand zweier Kriterien in Verbindung: Das eine ist die Schiffsposition, das andere sind ihre Fähigkeiten. Aber wir versuchen, jedem, ungeachtet seines Hintergrundes, die Teilnahme zu ermöglichen. Ich habe schon immer das Gefühl gehabt, dass wir dieses globale Problem lösen werden, wenn jeder mitmachen kann. Als ich jünger war, in den 1960er Jahren, war es möglich, zur See zu fahren und dort erst Erfahrung zu sammeln. Heutzutage geht das nicht mehr, weil man, um auf ein Schiff zu kommen, Erfahrung vorweisen muss. Viele Mitglieder unserer Besatzung schlagen im Weiteren eine nautische Laufbahn ein.

Welche Art von Erfahrung muss man mitbringen, um auf einem Schiff wie der Steve Irwin *oder der* Brigitte Bardot *mitfahren zu können?*
Wir haben erfahrene Offiziere. Andere brauchen nicht über Erfahrung zu verfügen. Wenn sie kommen, bilden wir sie im Rahmen unseres Ausbildungsplans und -programms aus. Wer sich verpflichtet, wird den Abteilungen Deck, Kombüse, Maschinenraum oder Medien zugeteilt. Uns wird immer vorgehalten, dass wir mit einer unreifen Mannschaft losziehen würden, aber wir haben noch nie jemanden verloren. 1911 wurde Ernest Shackleton in einem Leitartikel in der *London Times* beschuldigt, einen Haufen Amateure in seiner

Besatzung zu versammeln. Er sagte: »Ich brauche keine Profis. Ich brauche Leute, die von Leidenschaft getrieben dorthin wollen, wohin ich gehen muss. Profis kommen einem dabei nur in die Quere.« Ich habe herausgefunden, dass das tatsächlich stimmt. Je professioneller die Besatzung, desto größere Nörgler sind sie. Sie haben keine Phantasie. Im Südpolarmeer hatte ich besonders viele Probleme mit Profis, die meinten: »Durch dieses dicke Eis kommen wir nie durch.« Immer sind es die Profis, die einem erzählen, was man nicht kann. Ich möchte von den Menschen um mich herum »Ja, lass es uns versuchen, wir machen es einfach« hören.

Sie suchen also nach tüchtigen Leuten, die etwas leisten.
Ja. Solche Leute, die süchtig danach werden und nie mehr etwas anderes tun wollen, kommen von überall her. Manche von uns sind schon sechs Jahre ununterbrochen an Bord der Schiffe. Das zeugt von guter Kameradschaft.

Wie wählen Sie Ihre Operationen aus?
Wir schreiten nur gegen illegale Aktivitäten ein. Wir machen uns ein Bild von ihnen und überlegen, wo wir intervenieren können. Ist es durchführbar? Gibt es Gesetze, auf die wir uns berufen können? Können wir tatsächlich etwas erreichen? Nehmen wir zum Beispiel unsere Kampagne *Operation Icefish*. Damals hatten wir es mit sechs Fangschiffen im Südpolarmeer zu tun. Die australische Regierung übte scharfe Kritik an uns. Sie drohte, uns wegen illegaler Fischerei anzuklagen, wenn wir die Fangnetze beschlagnahmen würden. Erwartet man von uns, dass wir die Netze an Ort und Stelle zurücklassen?

SEA SHEPHERD

EVE IRWIN

Ich kenne mich recht gut mit São Tomé und Príncipe aus. Wir verfolgten da eine bestimmte Geschichte: Sea Shepherd jagte 110 Tage lang ein Schiff.
Das Fangschiff *Thunder* hatte vor der Banzare-Küste der Antarktis sein Kiemennetz ausgeworfen. Unser Schiff, die *Sam Simon*, konfiszierte es, insgesamt war es 72 Kilometer lang. Direkt vor der Küste von São Tomé versenkte dann der Kapitän der *Thunder* sein Schiff.

Das war unglaublich. Sie retteten die Mannschaft aus dem Wasser.
Ich übergab den Kapitän der Küstenwache von São Tomé. Er wusste nicht mehr, wohin. Solche Schiffe wechseln gewöhnlich ihren Namen und ihre Flagge, laufen bei Nacht und Nebel Häfen an, um ihre illegale Ladung zu löschen, und fahren dann wieder aufs Meer hinaus. Aber solange wir ihm auf den Fersen waren, konnte er sich nicht unbemerkt in einen Hafen mogeln. Deshalb beschloss er nach 110 Tagen, der längsten Verfolgungsjagd eines Fangschiffs in der Geschichte, sein Schiff zu versenken, um die Beweise aus der Welt zu schaffen. Drei von unseren Leuten gingen an Bord und schnappten sich Computer, Mobiltelefone, Seekarten und das Logbuch.

Während es unterging?
Ja, wir konnten nicht verhindern, dass das Schiff sank. Unsere Leute besorgten Stichproben von den Fischen im Kühlraum, stellten also Beweismaterial sicher. Dann nahmen wir die 42 Besatzungsmitglieder an Bord und übergaben sie den Behörden. Wir wurden von den nigerianischen Luftstreitkräften unterstützt. Sie waren sehr hilfsbereit.

Das war eine unbeschreibliche Geschichte.
Ja, sie war ein Erfolg. Aber zwei der sechs Schiffe in der Antarktis liefen heimlich Kap Verde an. Unser *Jairo Mora Sandoval* getauftes Schiff ging dort seiner Arbeit nach. Als Peter Hammarstedt, der Kapitän der *Bob Barker*, in Kap Verde landete, entdeckte er sie. »Da sind die beiden also! Das sind die Schiffe aus der Antarktis.« Er stattete den kapverdischen Behörden einen Besuch ab, um sie beschlagnahmen zu lassen. In der Zwischenzeit wurden die *Viking* in Malaysia und die *Kunlun* in Thailand beschlagnahmt. Aber die *Kunlun* und die *Viking* sind wieder ins Südpolarmeer zurückgekehrt. Nächsten Monat nimmt die *Steve Irwin* Kurs auf die Antarktis, um sich aufs Neue an ihre Fersen zu heften. Sea Shepherd will mit diesem Treiben im Südpolarmeer aufräumen. Seit 15 Jahren schon arbeiten wir partnerschaftlich mit der ecuadorianischen Bundespolizei und den Galapagos Park Rangers zusammen, um dem Wildern dort Einhalt zu gebieten. Das ist ein laufendes Programm. Wir richteten für eine Million Dollar ein Automatisches Identifikationssystem ein, dessen Instandhaltung uns jährlich eine Viertelmillion Euro kostet. Wir stellen ihnen Patrouillenboote und Ausrüstung zur Verfügung. Auch eine K9-Unit haben wir: Die Hunde kaufen wir in den Niederlanden. Wir trainieren sie für den Patrouillendienst auf Flug- und in Seehäfen. Wenn sie in den Ruhestand geschickt werden, suchen wir für sie ein Zuhause. Unlängst führten wir die Operation *mare nostrum* durch, die die Geisternetze vor der Mittelmeerküste Frankreichs beseitigte. Den ganzen Sommer über waren wir damit beschäftigt, kilometerlange Geisternetze aus dem Wasser zu ziehen. Und in unserer Operation *Infinite Patience* setzen wir

uns gegen das Töten von Delphinen in Taiji in Japan ein. Wir haben freiwillige Helfer, die täglich alles, was sich dort zwischen dem 1. September und dem 30. März abspielt, dokumentieren. Weil es Japan ist, können wir nicht intervenieren; aber wir können sicherlich dazu beitragen, dass dieses Problem im Bewusstsein der Öffentlichkeit präsent bleibt.

FREE PAUL WATSON

AMP
SEA SHEPHERD.ORG

Die letzten zehn Prozent Fische in den Meeren

Es kommen Fischprodukte auf den Markt, obwohl die Regierungen wissen, dass sie aus illegalem Fischfang stammen. Warum ist es so schwierig, dem illegalen Handel einen Riegel vorzuschieben?
Die Regierungen haben kein Interesse daran. 40 Prozent des Fischs, der in Restaurants und in Geschäften verkauft wird, ist illegal gefangen.

Wie ist es möglich, dass dieser Handel tagtäglich stattfinden kann?
Es gibt, um ein Beispiel zu nennen, ein Fangschiff namens *Thunder*. Das Unternehmen, dem dieses Schiff gehört, wurde mit 3,2 Millionen Euro von der Europäischen Union subventioniert. Wir bezuschussen illegale Aktivitäten. Rund 67 Milliarden Dollar fließen jährlich als Subventionen in die industrielle Fischerei. Wo stehen wir heute, zu Beginn des 21. Jahrhunderts? 90 Prozent der Fischbestände sind aus den Ozeanen verschwunden. Ich wuchs in einem Fischerdorf an der Ostküste Kanadas auf und erlebte diesen Schwund mit. Um an die letzten zehn Prozent heranzukommen, muss man hochindustriell ausgerüstet sein. Für die Anschaffung dieses Equipments braucht es massive Bezuschussungen von Seiten der Regierung. Ich habe gerade für die Klimawandel-Konferenz in Paris eine Broschüre verfasst – mit Lösungsvorschlägen, die keiner hören mag. Lösung Nummer eins: Wiederbelebung der Biodiversität in den Ozeanen durch Aussetzen der auf industriellem Niveau betriebenen Fischerei für

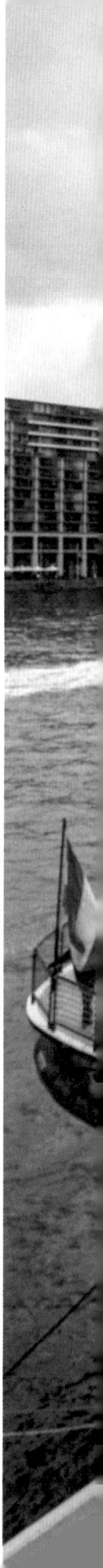

AMP
AMP
FREE PAULWATSON
SEASHEPHERD.ORG

40 Jahre. Lasst die Ozeane sich selbst regenerieren. Man wird sich nicht daran halten, aber genau das müsste getan werden. Stoppt sämtliche Subventionen für den industriellen Fischfang. Wer fischen will, soll mit seinem kleinen Boot hinausfahren und seinen Fisch fangen. Wir können es uns nicht mehr leisten, so weiterzumachen. Bei den Filmfestspielen in Cannes waren Yana und ich als Fundraiser für andere Umweltschutzgruppen tätig. Ein brasilianischer Regisseur hatte uns zu diesem Fundraiser für Umweltschutzorganisationen eingeladen – und was wurde zum Dinner aufgetragen: Chilenischer Seebarsch, eine vom Aussterben bedrohte Art. Yana und ich hatten ein vegetarisches Gericht. Eine Frau uns gegenüber sagte: »Warum haben Sie das genommen? Der hier ist köstlich.« Ich erwiderte, weil es sich um eine aussterbende Spezies handelt und wir das ganze letzte Jahr für ihren Schutz gekämpft haben. Darauf meinte sie: »Aber er schmeckt wirklich gut. Sie sollten ihn kosten.« Ich wehrte ab und wies darauf hin, dass die Fischbestände schwinden. »Dann sollten Sie ihn probieren, solange wir ihn noch haben«, war ihre Antwort. Das ist die Einstellung, mit der wir uns die ganze Zeit herumschlagen müssen.

Enthält Ihre Broschüre weitere Lösungsvorschläge?
Die andere Lösung ist, zu pflanzlicher Ernährung überzugehen. Wir schlachten 65 Milliarden Tiere pro Jahr, die zuvor mehr Treibhausgase produziert haben als das gesamte Transportwesen. 40 Prozent aller Fische aus den Meeren werden an Hühner, Schweine und Hauskatzen verfüttert, 2,8 Millionen Tonnen allein an Katzen. Das bedeutet, dass Katzen mehr Fisch fressen als Sattelrobben und Hühner

mehr als Albatrosse. Wir fressen buchstäblich den Ozean lebendig auf. Eines sage ich immer wieder: *Wenn die Ozeane sterben, sterben auch wir.* Mit toten Ozeanen werden wir auf diesem Planeten nicht überleben, und die Ozeane sind gerade dabei, zu sterben. Seit 1950 haben wir 40 Prozent des Phytoplanktons verloren, das 50 Prozent des Sauerstoffs in unserer Atemluft produziert, wenn nicht gar mehr. Darüber denkt keiner nach. 40 Prozent des Phytoplanktons, das 50 Prozent unseres Sauerstoffs herstellt – das ist eine ernste Situation, deren sich niemand bewusst ist. Doch warum verlieren wir 40 Prozent des Phytoplanktons? Weil wir 90 Prozent der Wale töten. Die Wale sind die Bauern der Ozeane. Sie sorgen dafür, dass das Phytoplankton gesund bleibt, indem sie die dafür notwendigen Nährstoffe liefern. Ein einziger Blauwal scheidet pro Tag drei Tonnen Exkremente in den Ozean aus, das heißt Stickstoff, Phosphor und Eisen.

Und dabei braucht kein Mensch Walfleisch für seine Ernährung.

Das stimmt, aber wenn man Fische haben will, braucht man Wale. Jahrmillionenlang erfüllte der Ozean seine Funktion als Lebenserhaltungssystem für unseren Planeten perfekt. Die in der Biodiversität gründende wechselseitige Abhängigkeit der Arten voneinander funktionierte ebenfalls perfekt. Wir haben das Ganze vermasselt, wenden uns ab und schieben die Schuld anderen in die Schuhe: »Jetzt jagen wir Robben, weil sie unsere Fische fressen. Wir müssen die Delphine töten, weil sie uns die Fische wegfressen.« Aber wenn man mehr Fisch haben will, braucht man mehr Robben. Fischern diese Zusammenhänge nahezubringen ist wahrlich keine

FREE PAUL W

ATSON

leichte Aufgabe. Ich versuchte es ihnen zu erklären. Sehen wir uns zum Beispiel die Sattelrobbe an. Sie ernährt sich vorrangig von Kapelanen, Heringen und Makrelen. Diese drei Fischarten fressen überwiegend jungen Kabeljau. Wenn man die Population der Sattelrobben verringert, vergrößert man die Kapelan-, Herings- und Makrelenpopulation und verkleinert die Kabeljaupopulation. All diese Dinge greifen perfekt ineinander. Die kanadische Regierung sieht lediglich *Fische, Menschen, Robben …* Doch dieses Ökosystem umfasst 938 Arten, die in einem Verhältnis wechselseitiger Abhängigkeit stehen. Das Fischerdorf, in dem ich früher lebte, veränderte sich komplett. St. Andrews, New Brunswick, war das größte Hummerfischer-Dorf der Welt. Eines hätte man dort nie verzehrt: Muscheln. Keiner aß Muscheln. »Auf denen lagert sich Kot ab, sieh mal, wie schmutzig und so.« *(lacht)* Aber genau die kommen jetzt auf den Teller. Das nenne ich Anpassung an das geschrumpfte Angebot. Es ist wie beim Wasser. Die bloße Vorstellung, einmal Wasser aus Plastikflaschen zu trinken und mehr dafür zu bezahlen als für Benzin, kam den Leuten lächerlich vor. Doch genau da sind wir heute angelangt.

Gewinnen oder verlieren?

Wir befinden uns in Paris. Sie leben mit Ihrer Frau in Frankreich und erwarten ein Kind. Wie denken Sie über die Attentate, die vor zwei Wochen in dieser Stadt verübt wurden, und was wird Ihrer Meinung nach noch folgen?

Die Welt wird wieder einmal aufgeteilt. Wir sehen es an den Flaggen, Religionen, Soldaten, Divisionen und so fort. Am Tag nach den Anschlägen bombardierte Frankreich Hauptquartiere des IS in Syrien. Warum? Woher wusste man, wo sich die Hauptquartiere befanden? Wenn sie sie kannten, warum haben sie sie dann nicht in der Woche zuvor oder zwei Wochen vorher bombardiert? Sie warfen schon seit Monaten Bomben über Syrien ab, und urplötzlich, am Tag nach der Tragödie, bombardierten sie die Hauptquartiere.

Während der IS die Religion für seine Aktionen missbraucht und große Teile der Öffentlichkeit dies nicht erkennen …

Ja. Mit dem Vergleich zwischen IS und Muslimen verhält es sich wie mit der Behauptung, dass der Ku-Klux-Klan eine christliche Veranstaltung sei.

Das ist ein guter Vergleich. Es ist befremdlich, dass der IS über die Logistik verfügt, um Rohöl zu verkaufen, und dass es dafür Abnehmer gibt. Er macht täglich eine Menge Geld zur Finanzierung von Waffenkäufen, wo es doch gar keine Waffenproduktion im Nahen Osten gibt. Irgendjemand muss ihm die Waffen liefern.

Es geht nur ums Geschäft. Innerhalb drei oder vier Tagen nach den Anschlägen in Paris sprach der Geschäftsführer von Boeing über gestiegene Aktienkurse und darüber, wie überaus optimistisch das Klima für künftige Investitionen sei.

Für den Shareholder Value.
Wenn Amerika, Frankreich oder Schweden ihre Waffenverkäufe einstellen würden, hätten die IS-Kämpfer nichts, womit sie kämpfen könnten. Schweden ist einer der größten Waffenexporteure der Welt. Was in den letzten Tagen geschah, ist eine Vergeltung für eine Vergeltung für eine Vergeltung für eine Vergeltung. Der kanadische Premierminister Trudeau ließ die kanadischen Streitkräfte aus Syrien abziehen. Vor ein paar Tagen wollte Obama, dass sie dorthin zurückkehren. Aber Trudeau weigerte sich. Einer muss die Kampfhandlungen beenden. Kanada beendete sie, was seinen Beitrag anbelangt. Alles, was man erreicht, wenn man einen Ort bombardiert, ist eine wachsende Anzahl Feinde. Jemand, der sein Kind verliert, wird überaus wütend. Wer seine Eltern verliert, ebenso. Das sind potenzielle Terroristen. Und was ist Terrorismus? Wenn ich als Ökoterrorist bezeichnet werde, antworte ich: »Nein, ich bin kein Ökoterrorist. Ich arbeite nicht für Monsanto.«

Gab es besondere Momente, in denen Sie dachten, jetzt ist es hoffnungslos, die Ökoaktivisten werden ihren Kampf am Ende verlieren?
Es ist nicht wichtig, ob Aktivisten gewinnen oder verlieren. Ob die menschliche Spezies überlebt oder nicht, zählt allein. Ich durfte eine Lektion lernen, als ich in der Bewegung der amerikanischen Indianer

als Sanitäter arbeitete. Im Jahr 1973 besetzten wir Wounded Knee in South Dakota. Es war eine richtige Schlacht. Wir wurden beschossen. Die Lakota brachten ihre Philosophie auf den Punkt: Man soll sich bei seinem Tun keine Gedanken darüber machen, ob man am Ende gewinnt oder verliert, und auch keine Angst vor den Widrigkeiten haben, die sich in den Weg stellen können. Man handelt, wie man handelt, weil es im Augenblick das Richtige und somit die einzige Alternative ist. Was getan werden muss, wird getan. Das fassen sie in den Worten »hoka hey« zusammen, was so viel heißt wie »Es ist ein guter Tag zum Sterben«. Sie bedeuten, dass man für Dinge, an die man glaubt, standhaft sein muss. Ich bin weder optimistisch noch pessimistisch. Mir ist bewusst, dass es Naturgesetze gibt. Diese Gesetze werden sich der Situation annehmen, wenn wir das Problem nicht freiwillig lösen. Manche sagen, dass wir uns im sechsten großen Massensterben der Erdgeschichte befinden. Was ist ein Massensterben? Nicht das Ende des Planeten. Vielleicht ist es das Ende der Menschheit, aber die Erde wird sich in 18 bis 20 Millionen Jahren von dem Massensterben erholen und wieder ein wunderschöner Ort sein. Nichts würde mehr daran erinnern, dass wir einmal hier waren. Diese Probleme werden auf die eine oder die andere Art gelöst. Unsere Umweltschutzbewegung ist keine Bewegung, die den Planeten schützen will. Sie will uns vielmehr vor uns selbst beschützen. Darauf müssen wir unsere Aufmerksamkeit lenken. Mich macht nichts deprimiert oder pessimistisch, weil ich von der Prämisse ausgehe, dass die Menschheit in ökologischer Hinsicht geistesgestört ist und dass wir hoffentlich einen Ausweg aus diesem Wahnsinn finden.

OWAT

An welchem Punkt haben Sie gespürt, dass Sie so handeln müssen, wie Sie handeln?
Als ich zehn Jahre alt war, fing ich an, Biber zu retten, und dabei bin ich geblieben. Ich musste mir nie sagen: »Das ist ein Wendepunkt, ab jetzt schlage ich diese oder jene Richtung ein.« Was ich seit 50 Jahren mache, weist eine ziemliche Kontinuität auf. Ich brauchte mich nicht zu entscheiden.

Fast eine Milliarde Menschen lebt in Hunger und ohne sauberes Wasser. Das scheint keinen zu kümmern. Offensichtlich gibt es einen Konsens, darin kein Problem zu sehen.
Es wird noch schlimmer kommen. Der Mangel an Mitgefühl wird stetig zunehmen. Die Erdbevölkerung wächst, und keinen schert es, weil es sich ja bloß um Zahlen handelt.

Wenn die Menschen schon für ihresgleichen keine Empathie aufbringen, wie soll es ihnen dann bei Walen gelingen?
Das erwarte ich nicht von ihnen. Die Menschen ziehen sich in Phantasien zurück. Religion ist eine Phantasie, Videospiele sind eine Phantasie. Die Zahl der Abonnenten von *War Craft* übersteigt die der aktiven Umweltschützer weltweit bei weitem. Die meisten leben ihr Leben, ohne überhaupt hier zu sein. Die Tatsache, dass Yana und ich ein Kind erwarten, wird so kommentiert: »Warum habt ihr ein Kind, wo ihr euch doch Sorgen wegen der Überbevölkerung macht?« Weil das Problem nicht darin besteht, dass Menschen Kinder haben. Problematisch ist vielmehr, dass sie Kinder haben, ohne sich um sie zu kümmern. Unterstützung zu bieten ist meiner Meinung nach einer der Schlüssel zu erfolg-

reicher Elternschaft. Ermutigt Kinder, leitet sie an, aber unterrichtet sie nicht. Wir bringen ihnen unsere Werte bei, die überaus destruktiv sind. Jedes sechsjährige Kind ist wahrscheinlich in vielerlei Hinsicht intelligenter als Erwachsene. Im Alter von sechs Jahren wusste ich nichts über Dinosaurier, aber ich sagte beharrlich: »Dinosaurier waren keine Reptilien. Sie waren ganz sicher Vögel.« Natürlich erklärten mir alle, dass ich Unsinn rede. Zwei Generationen später stellte sich heraus, dass ich recht hatte. Woher hatte ich dieses Wissen? Intuition. Es schien einfach richtig zu sein. Ein anderes Mal zerlegte ich eine Weltkarte, fügte alle Kontinente aneinander und sagte: »Das war bestimmt einmal ein einziger großer Kontinent. Sehen Sie, es ist wie ein Puzzle. Alles passt zusammen.« »Nein, das ist Humbug und lächerlich«, antworteten die Lehrer ge-wöhnlich. Und dann stellte sich wieder heraus, dass ich recht hatte.

Liegt es Ihrer Meinung nach am Schulsystem?
In den 1970er Jahren hielten wir einen Vortrag in einem Indianerreservat, einem Reservat der Haida-Indianer, auf den Queen-Charlotte-Inseln. Einmal sprachen wir zu drei verschiedenen Schülergruppen: zu Kindergartenkindern, Siebt- bis Neuntklässlern der Mittelstufe und Zehnt- bis Zwölftklässlern. Im Kindergarten fragten wir: »Wie viele von euch sprechen hier die Haida-Sprache?« Alle meldeten sich. »Wie viele von euch wissen etwas über Wale?« Sie plauderten drauflos, und wir brauchten ihnen überhaupt nichts über Wale zu erzählen. In der Mittelstufe bediente sich nur noch die Hälfte dieser Sprache, und ebenso wenige kümmerten sich um Wale. Als schließlich die dritte Gruppe an der Reihe war,

SEA SHEPHERD.ORG

benutzte keiner mehr auch nur ein Wort der Haida-Sprache, und Wale waren ihnen völlig egal. Das ist unser Schulsystem. Es macht aus diesen wunderbaren Kindern gleichgültige Idioten.

Das passiert auch an Universitäten. Wir produzieren hoch spezialisierte Fachidioten, die das größere Bild nicht mehr sehen können. Heutzutage verunsichert es die Leute, wenn man zehn verschiedene Dinge beherrscht, anstatt bei einer Sache zu bleiben. Sie sind zum Beispiel Kapitän eines Schiffs, Ökoaktivist mit gründlichem Wissen über Biologie und so weiter und so fort. Früher war es gang und gäbe, eine Allgemeinbildung anzustreben.
Ich sage immer, ich bin nur ein Dichter.

Ein Dichter?
Von allem, was ich tue, macht es mir die größte Freude, Gedichte zu schreiben, deshalb sage ich, ich bin Dichter.

Ein Gedicht ist eine sehr kraftvolle Form. Eine prägnante Beschreibung eines Phänomens sagt oft mehr aus als eine abstrakte Idee.
Ich fahre zur See, halte Vorträge, schreibe, spreche öffentlich und habe ein Buch mit 160 Strophen über Wale, Walfang und die Rettung der Wale verfasst. Die Dichtung spielt dabei folgende Rolle: Sie ermöglicht es mir, gewissermaßen auf alles zentriert zu bleiben.

TEIL 3

Über
Religion,
Umwelt,
Politik
&
Piraten

FARLEY MOWAT

FARLEY MOWAT

Wasser ist ein ökologisches, zugleich aber auch ein hoch politisches Thema. Seit 20 Jahren hortet Nestlé Wasserressourcen und verwehrt so vielen Armen rund um den Globus den Zugang zu Wasser.

Die Coca-Cola Company und PepsiCo erzielen mehr Umsatz mit Wasser als mit Coca-Cola. Auf allen *Sea-Shepherd-Schiffen* ist die Verpflegung vegan, weil wir ein Zeichen zu setzen versuchen. Nicht, weil wir Tierrechte wahren, sondern weil wir die Umwelt schützen wollen. Die Massentierhaltung ist die gewichtigste Ursache der globalen Erwärmung und der Grundwasserverschmutzung. Es ist nicht natürlich, dass siebeneinhalb Milliarden fleischverzehrende Primaten auf diesem Planeten leben. Ich weiß nicht, ob Sie den Film *Cowspiracy* gesehen haben. Zwei neunzehnjährige Kalifornier fragten sich Folgendes: »Uns wird gesagt, dass wir nur kurz duschen sollen, um Wasser zu sparen, aber es sind 240 Liter Wasser erforderlich, um einen Hamburger zu produzieren. Warum eigentlich duschen wir nur kurz?« Mit dieser Frage suchte das Filmteam verschiedene Umweltschutzorganisationen auf. Greenpeace verweigerte das Interview.

Warum gab Greenpeace keinen Kommentar vor der Kamera ab?

Der Film stellt das sehr gut heraus. Sea Shepherd ist die einzige Organisation, die die Fleischproduktion als Problem einstuft. Der Sierra Club und andere Organisationen enthielten sich, weil sie einen Mitgliederverlust befürchteten. Das ist auch der Grund, warum der Sierra Club oder Greenpeace den Vegetarismus nicht unterstützen. Sie wollen eine Menge Geldgeber unter einem großen Dach vereinen, und je restriktiver die Vorgaben, desto geringer die Unterstützung. Aus Greenpeace ist eine regelrechte Bürokratie geworden. In diesem Jahr waren sie auf der Suche nach einem neuen Geschäftsführer, und zum Spaß bewarb ich mich um den Job.

Erhielten Sie eine Antwort?
Oh ja, sie führten sogar ein Bewerbungsgespräch mit mir. Dafür heuerten sie ein Unternehmen in Chicago an. Ich verfügte über mehr Erfahrung als alle anderen, außerdem war ich Mitgründer von Greenpeace, und so ließ sich das Ganze gut an für mich. Sie fragten: »Wie viel wollen Sie für diesen Job?« Ich sagte: »Ich erledige ihn für einen Dollar. Einen Dollar im Jahr.« Einer, der ihn für noch weniger macht, dürfte sich schwer finden lassen. Daraufhin sagten sie: »Sie sind der ideale Kandidat für uns, aber wir schlagen künftig eine andere Richtung ein und werden deshalb einen ganz anderen nehmen.« »Euch schwebt irgendein Absolvent der Harvard Business School vor«, dachte ich, behielt es aber für mich. Mir war von Anfang an klar, dass ich den Job nicht bekommen würde. Es ist interessant, zu sehen, wie allenthalben Großkonzerne sich Personen aus großen Umweltschutzorganisationen dienstbar machen: Der ehemalige Präsident des Sierra Club arbeitet nun für Walmart, und der ehemalige Vorsitzende von Greenpeace Kanada, Patrick Moore, stellt sich derzeit Unternehmen wie Monsanto zur Verfügung. Vor ein paar Monaten blamierte er sich bis auf die Knochen. Er sagte im französischen Fernsehen: »Monsantos Roundup kann man gefahrlos trinken.« Der Reporter entgegnete: »Hier haben Sie ein Glas. Trinken Sie es aus.« Und Moore antwortete: »Halten Sie mich für einen Idioten?« Er habe

doch selbst soeben auf die Unbedenklichkeit hingewiesen, erinnerte ihn der Reporter. Moore erhob sich daraufhin, schimpfte ihn einen Trottel und ging hinaus. Es war rasend komisch. Patrick Moore war immer ein Leugner des Klimawandels. Letzte Woche trat er bei einer Veranstaltung in Texas auf. Plötzlich gestand er ein, dass es den Klimawandel gebe, und er hieß ihn sogar willkommen: Er sei gut für die Menschheit, werde unsere Anbausaison verlängern und die Wüsten grünen lassen. Derzeit lautet seine Parole: »Schaut euch die Vorteile des Klimawandels an.« *(lacht)*

Auch viele Amerikaner ignorieren den Klimawandel.
Weil es ihre Profite schmälern würde. Sie machen Umsatz, wenn sie ihn negieren. Aber es gibt auch welche wie Jim Inhofe, der dem Umweltausschuss des Senats vorsitzt und behauptet, Klimawandel sei ein Ding der Unmöglichkeit, weil er nicht in der Bibel steht. Die Vereinigten Staaten wandeln sich in mancherlei Hinsicht beinah zu einem religiösen Staat. In Kansas ist der Kreationismus fest im Lehrplan verankert, und die Evolutionstheorie darf nicht mehr unterrichtet werden.

Sind Sie ein religiöser Mensch?
Nein. Ich glaube, dass wir endlicher Geist in einem unendlichen Universum sind und dass der begrenzte Geist nicht in der Lage ist, die Unendlichkeit zu verstehen oder zu ergründen, deshalb werden wir auf letzte Fragen niemals eine Antwort finden. Wir können uns lediglich über die Versuche einer Antwort streiten. Wie Gertrude Stein einmal gesagt hat: »Es gibt keine Antwort. Es hat nie eine Antwort gegeben. Es wird nie eine Antwort geben.

Und vielleicht ist das die Antwort.« Das ist in meinen Augen die einzige Antwort, die wir je erhalten werden. Was ist der Zweck des Lebens? Man genießt es. Man erlebt es. Aber man sollte sich keine Gedanken darüber machen. Ich halte uns bestimmt nicht für den Mittelpunkt des Universums, sondern für einen Teil der Natur. Deshalb vertrete ich eine biozentrische Einstellung. Wir beherrschen die Natur nicht, und sie wurde auch nicht für uns erschaffen. Unser Planet ist vier Milliarden Jahre alt, und wir sind erst ein paar Millionen Jahre hier, in der einen oder anderen Form. Ich weise alle Religionen zurück, weil sie anthropozentrisch sind, also den Menschen als auserwählte Spezies in den Mittelpunkt stellen. Ich dachte sogar eine Zeitlang, wir bräuchten eine neue Religion, eine Religion, die uns als Teil eines Ganzen begreift. Wenn schon Verehrung, sollten wir sie der Natur entgegenbringen. Im Grunde glaube ich, dass sich die Menschen aus Angst vor dem Sterben der Religion zuwenden. Aber Angst vor dem Sterben haben nur die, die nicht zu leben verstehen. Wenn man lebt, fürchtet man sich nicht vor dem Sterben.

Schlagen Sie vor, dass wir die Natur verehren sollen, indem wir uns an die Naturgesetze halten?
Ich würde eher von Respektieren als von Verehren sprechen.

… dass wir die Natur respektieren sollen, indem wir die Naturgesetze respektieren?
Indem wir im Einklang mit den Naturgesetzen leben, als da sind: das Gesetz der Vielfalt, das Gesetz der wechselseitigen Abhängigkeit und das Gesetz der begrenzten Ressourcen, außerdem sollten wir

andere Arten respektieren. Vor ein paar Jahren zog ich den Ärger von Fox News in den Vereinigten Staaten auf mich, weil ich sagte, dass Würmer wichtiger seien als Menschen. »Würmer und Bienen und Bäume sind wichtiger als Menschen«, erklärte ich. Sie wollten den Grund dafür von mir hören: »Weil sie uns nicht brauchen, wir aber auf sie angewiesen sind. Ohne sie können wir nicht überleben. Sie sind wichtiger als wir. Wir müssen uns bescheiden zurückhalten und zu der Einsicht kommen, wenigstens sind wir ihnen gleich.« Dieser Planet ist ein Raumschiff, auf dem es ein Lebenserhaltungssystem gibt, welches Sauerstoff produziert, das Klima reguliert, Nahrung bereitstellt, und das von ein paar Erdlingen gesteuert wird. Es bereitet uns große Freude, wenn wir uns gut unterhalten, denn das können wir am besten. Anstatt dessen jedoch machen wir der Besatzung den Garaus, doch die lässt sich nur bis zu einem gewissen Grad vernichten, bevor alles auseinanderbricht.

Bevor sozusagen das Schiff untergeht.
Ja, und das Schiff sinkt bereits. Die Ozeane sterben, und die Menschen verstehen es nicht. Diese Vorstellung ist den meisten sehr fremd. Jeden Tag erreichen mich Zuschriften, in denen davon die Rede ist, dass im Meer reichlich Fischbestände vorhanden seien und dass sie uns niemals ausgehen werden. Dann gibt es Leute wie Jim Inhofe, der, wie bereits erwähnt, im amerikanischen Kongress den Umweltausschuss leitet und behauptet, globale Erwärmung könne es nicht geben, weil Gott so etwas nicht zulassen würde. Diese Sorte Menschen steht heute an der Spitze des Landes. Das Problem liegt bei der Regierung. Unsere Politiker gelangen nur allzu oft aus

LEITH
EXIT

den falschen Gründen in ihre Positionen. Das ist überall so. Weise Menschen kandidieren für solche Ämter nicht, weil es sich um ein zutiefst schmutziges Gewerbe handelt. Ab und zu tritt ein Typ wie Bernie Sanders an die Öffentlichkeit, redet Tacheles und kommt ungeschoren davon. Natürlich spricht auch Trump Klartext. Halt so, wie er die Dinge sieht. *(lacht)* Aber ich mag Donald Trump. Wollen Sie wissen, warum? Ich will, dass ihn die Republikaner für die Präsidentschaft nominieren, weil er bei Licht besehen nicht wählbar ist. Wenn er der Kandidat der Republikaner ist, werden wir einen Demokraten als Präsidenten bekommen. Ich hoffe, dass es Bernie Sanders sein wird und nicht Hillary Clinton. Sie ist eine Neuauflage von Margaret Thatcher. Trumps neuester Ausspruch lautet, dass Muslime gelbe ID-Aufnäher tragen sollten.

Wirklich? Aufnäher, mit denen man Leute anhand ihres Glaubens identifizieren kann?
Er hat keine Geschichtskenntnis.

Wir sahen seine Reaktion auf die Pariser Anschläge auf CNN. Wenn die Opfer Schusswaffen gehabt hätten, so Trump, hätten sie sich verteidigen können.
Ben Carson gab dasselbe von sich.

Das ist unfassbar.
Trump ist ein Vollidiot. Das weiß jeder. Er ist außerdem wahnhaft. Zum Beispiel sind seine Kasinos pleitegegangen, aber in seinem Kopf hat er sie verkauft. »Brillant, brillant. Ein Riesenerfolg«, wird er sich wohl gesagt haben. Dieses Segment, nicht die Mehrheit, stellt im Kern den vom geistigen Niveau her bedenklichsten Teil der amerikanischen Gesellschaft dar.

FARLEY MOWAT
12
11
10

Politisches Bewusstsein

Wie würden Sie sich selbst politisch definieren?
Ich bin kein politischer Mensch.

Die Überfischung der Ozeane ist die Folge von Gier, und Gier wird in den kapitalistischen Gesellschaften gewöhnlich belohnt. Dagegen wenden Sie sich. Heißt das, dass Sie Kommunist sind?
Nein. Ich vertrete keine politische Position – weder links noch rechts noch etwas dazwischen. Ich bin Ökologe. Vor ein paar Jahren wurde ich als Gast in einer amerikanischen Talkshow, die dem rechten Lager zuzuordnen ist, nach meinen politischen Ansichten gefragt. Ich sagte: »Ich bin Konservativer. Mir geht es ums Konservieren, konservativer als einer, der konservieren will, kann man nicht sein.« Sie wollten mir nicht abnehmen, dass ich mich als Konservativen betrachtete, also erwiderte ich: »Sie sind Radikale. Sie zerstören den Planeten. Ich bin Konservativer. Sie leisten der Sprachverwirrung Vorschub. Meine konservativen Werte sind konservativer als Ihre konservativen Werte.« Ich forderte sie auf, mich auf meine konservativen Werte hin zu prüfen, und so konfrontierten sie mich mit dem altbewährten Quatsch: »Wie stehen Sie zur Homosexualität und zum Militärdienst von Frauen?« Ich antwortete: »Bin total dagegen. Frauen oder Homosexuelle haben beim Militär nichts verloren.« Darauf sie: »Wirklich? Warum?« »Weil meiner Meinung nach auch Männer dort nichts zu suchen haben. Warum also sollte ich Frauen und Homosexuelle beim Militär sehen wollen?« Dann fragten sie: »Was halten Sie von Sozialhilfe?« »Ich bin ent-

schieden gegen Sozialhilfe«, sagte ich. »Die Sozialhilfe-Schnorrer in den großen Banken und Unternehmen wie Wall Street und General Motors ziehen allen das Geld aus der Tasche. Das ist wie korporativer Kommunismus.« In gewisser Weise würde ich mich schon als einen Konservativen beschreiben, und zwar im eigentlichen Sinne von konservativ: als jemand, der den Status quo des Planeten zu bewahren sucht. Das ist ein konservativer Wert. Aber rechte oder linke Flügel haben mir noch nie eingeleuchtet. In Kanada kandidierte ich zweimal für ein politisches Amt, für einen Sitz als Parlamentsabgeordneter, und einmal bei der Bürgermeisterwahl in Vancouver, doch eher, um mir ein Forum zu verschaffen. Ab einem bestimmten Punkt befürchtete ich sogar, dass ich die Wahl gewinnen könnte.

Sie kamen auf Platz vier, nicht wahr?
Ja. Ich nahm an einer Debatte mit dem Bürgermeister und einem anderen Kandidaten teil und merkte, dass sie nichts Sinnvolles von sich gaben. In diesem Augenblick ging mir auf, dass nur ich vernünftige Argumente hatte, und ich dachte bei mir: »Mist, ich könnte das Rennen machen! Aber ich will nicht zwei Jahre hinter diesem Schreibtisch verbringen.« Ich wollte lediglich eine Botschaft vermitteln. Insgesamt kandidierten 68 Personen für den Bürgermeisterposten von Vancouver, weil ihnen jemand die Idee »Warum treten wir nicht alle auf einmal an?« in den Kopf gesetzt hatte. *(lacht)* Ich landete auf Platz 4 von 68. Einmal ließen wir eine Erdnuss für das Bürgermeisteramt kandidieren.

Eine Erdnuss?
Mr. Peanut aus dem Werbespot für Erdnussbutter. Er war stilecht zurechtgemacht.

Mit Monokel und allem?
Ja, ja. Ein Typ mit Beinen, einem Erdnussleib und was sonst noch dazugehört. Ein anderes Mal leisteten wir Vancouver einen guten Dienst, als wir einen Kandidaten namens Thomas Campbell aufstellten. So hieß nämlich ein Bürgermeister von Vancouver aus dem rechten Lager. Nachdem ein Träger desselben Namens, Thomas Arthur Campbell, gefunden worden war, setzten wir ihn auf den Wahlzettel. Wir zogen so die Stimmen der Wähler aus dem Verkehr, die dachten: »Oh, Tom Campbell, er vertritt den rechten Flügel!« *(lacht)* Im Jahr 1972 kandidierte Wavy Gravy unter dem Namen Nobody für das Amt des amerikanischen Präsidenten. »Wer wird dem Krieg ein Ende setzen? Nobody. Wählt Nobody!« Ich mag es, wenn man so mit der Politik verfährt, aber im Allgemeinen ist Politik ein schmutziges Geschäft.

Wir leben in einer Zeit, in der politisches Bewusstsein rar gesät ist. Die meisten sind nicht politisch aktiv. Aber es müssten gravierende politische Entscheidungen getroffen werden. Richten wir den Blick nach Polen, sehen wir eine Wahlbeteiligung von 40 Prozent. Das gibt rechten Parteien Raum, die fast schon als faschistisch zu bezeichnen sind. Es ist besorgniserregend, dass die Menschen sich der möglichen Konsequenzen nicht bewusst zu sein scheinen.
Das stimmt. Die Kombination von Klimawandel und Überbevölkerung wird direkt zu mehr rechtsgerichteten repressiven Regierungen führen. Marie

Le Pens Front National wird von den Attentaten in Paris profitieren, weil die Menschen aus der Angst heraus reagieren. Sehen Sie nur, was in Amerika geschieht. Alle haben Angst vor syrischen Flüchtlingen, aber keine Ahnung, worüber sie eigentlich reden, wenn sie sagen: »Die Syrer kommen hierher und töten uns alle …« In Amerika ist die Wahrscheinlichkeit, von einem Polizisten umgebracht zu werden, viel größer.

Captain Paul Watson und seine Crew

Piraten sind Aktivisten

Wenn Sie zurückblicken auf die Ereignisse in Ihrem Leben, all die Operationen, die Sie durchgeführt haben, das Erlebnis Ihrer Flucht, all die Risiken, die Sie eingegangen sind – gibt es da etwas, was Sie gern ändern würden?
Nein, und ich sage Ihnen auch, warum. Ein Ereignis geht in ein anderes über, und dieses führt wieder zu einem anderen hin. Ich glaube nicht, dass man diesen Prozess steuern kann. Vielleicht wäre ich, wenn ich mich hier und da anders entschieden hätte, jetzt nicht mit Yana zusammen. Ich kann mich nicht beklagen, es lief alles bestens.

Zu guter Letzt. Aber manchmal muss es sehr schwierig für Sie gewesen sein.
Ich glaube nicht, dass man Entscheidungen, die man getroffen hat, bereuen sollte. Man sollte akzeptieren, dass es so gekommen ist, und das Beste daraus machen. Ich erinnere mich, dass ich einmal am Strand in Tonga saß und genau darüber nachdachte. »Es ist doch gar nicht so übel«, ging es mir durch den Kopf, »hätte man mich in Frankfurt nicht festgehalten, säße ich jetzt nicht an diesem Strand, um den Meeresschildkröten zuzusehen. Es ist einfach so, wie es ist.« Zwar unbequem, aber manchmal braucht der Mensch Unbequemlichkeit. Nächste Woche werde ich 65, aber ich habe nie erwogen, mich zur Ruhe zu setzen. Warum sollte man sich zur Ruhe setzen? Das ist wie Sterben. Ich glaube, nur die gehen in den Ruhestand, die ihre Arbeit nicht mögen. Der Vater meiner Mutter war Künstler. Er setzte sich nicht zur Ruhe und arbeitete bis

Die Sea-Shepherd-Flagge

zum Tag, an dem er im Alter von 93 Jahren starb, weil er ausgeraubt und ermordet wurde. Das habe ich von ihm übernommen.

Warum hat Sea Shepherd eine Piratenflagge?
Wir wurden oft als Piraten beschimpft. Um denen, die uns so titulieren wollen, den Wind aus den Segeln zu nehmen, hielten wir es für das Beste, uns mit dieser Bezeichnung einverstanden zu erklären. Daraufhin entwarf ich die Flagge für Sea Shepherd.

Ihre Flagge ist sehr komplex. Wofür stehen die einzelnen Elemente?
Der Schäferstab steht für Schutz, der Dreizack für Aggressivität. Unser Vorgehen ist *aggressive Gewaltlosigkeit*. Die schwarze Farbe steht für die Ausrottung des Lebens in den Ozeanen. Verantwortlich dafür sind die Menschen, daher der Schädel. Das Yin-Yang-Symbol mit Delphin und Wal bedeutet, dass im Ozean Harmonie herrscht. Wenn man die Geschichte der Piraterie betrachtet, fällt auf, dass sie auf vielfältige Weise missverstanden wurde. Die Piraten waren Tatmenschen, das war ihre gute Seite. Sie handelten. Sie waren Aktivisten. Die Herrschaft der Piraten in der Karibik wurde nicht von der britischen Kriegsflotte beseitigt, sondern durch übermäßige Korruption. Henry Morgan, selbst ein Pirat, gab ihr den Rest. Sehen Sie sich all die großen Piraten an: John Paul Jones, der Gründer der amerikanischen Kriegsflotte, war Pirat. Jean Lafitte, Robert Surcouf oder Störtebecker – sie alle waren Piraten. Blackbeard war vermutlich der interessanteste unter ihnen, weil er Sklavenschiffe angriff und die Sklaven befreite. Er bot ihnen die Möglichkeit, sich seiner Besatzung anzuschließen, und wenn sie Gebrauch

davon machten, konnten sie seine Vertrauten werden und bis zum Kapitänsrang aufsteigen. Unter den Besatzungsmitgliedern eines Piratenschiffs gab es keine Diskriminierung. Sie waren übrigens die ersten demokratischen Gemeinschaften, weil sie ihre Kapitäne wählten. Und es waren auch Piratinnen darunter. Anne Bonny und Mary Read. Beide gerieten in Gefangenschaft, und beide waren zufällig gerade schwanger, so dass man sie nicht hängen konnte. Auf Piraterie stand die Todesstrafe. Anne Bonny sagte dazu: »Gott sei gedankt dafür! Wäre es nicht so, würde es jeder tun.« *(lacht)*

Was steht uns Ihrer Meinung nach in der Zukunft bevor?

In meinen Augen schreitet die Evolution kontinuierlich fort und bringt in diesem Prozess immer Besseres hervor. Was das politische Bewusstsein anbelangt, entwickeln wir uns sicherlich weiter. Zurzeit läuft ein guter Kinofilm mit dem Titel *Suffragette* über die Frauen, die für das Frauenwahlrecht kämpften. Es ist schon komisch, dass die Türkei ihnen vor den Vereinigten Staaten dieses Recht zuerkannte. Anfangs wurden diese Frauen in Amerika verfolgt, eingesperrt und verprügelt. Der Mann, der sich ihnen am erbittertsten entgegenstemmte, war Präsident Woodrow Wilson. Als die Suffragetten schließlich siegten, unterschrieb er das Gesetz. Heute berichtet uns die Geschichte, dass Wilson der Mann gewesen sei, der den Frauen das Wahlrecht verliehen habe, dabei war er in Wahrheit ihr größter Gegner. So sind die Politiker: Sie lassen sich jede Errungenschaft als eigenes Verdienst anrechnen, lehnen jedoch jeden Fortschritt ab.

»WENN DIE OZEANE STERBEN, STERBEN AUCH WIR«
Die Sea Shepherd Conservation Society

Nachwort von
Michele Sciurba und Sarah Schuster

In den 1950er Jahren erzählte man sich die Geschichte, dass die Meere über eine unerschöpfliche Anzahl Fische und Meeresressourcen verfügten, die den Menschen bedingungslos als Nahrungsquelle zur Verfügung stünden. Doch die Fiktion der Unerschöpflichkeit der Meere konnte der rasanten Industrialisierung des Fischfangs und dem rücksichtslosen Streben nach Profit genauso wenig standhalten wie die Meere und ihre Bewohner selbst. Gewaltige Fangfischer, schwimmende Fabriken, sind mittlerweile aufgrund modernster Motoren und neuester Technik in der Lage, monatelang auf See zu bleiben, um mit vernichtender Präzision Fischschwärme zu orten und selbst in enormer Tiefe bis auf den letzten Fisch zu fangen. Ohne Sinn und Vernunft wird heute auch das letzte Exemplar einer Gattung aus dem Meer geholt. Die industrialisierte Ausbeutung der Weltmeere führte nach Angaben des WWF bereits dazu, dass mindestens 30 Prozent der kommerziell genutzten Fischbestände überfischt sind und sich 57 Prozent der verbliebenen Fischbestände an der Grenze zur Überfischung befinden (Stand Juli 2012). In den europäischen Meeren ist dabei schon die Hälfte aller Fischbestände überfischt. Es verwundert nicht, dass diese Ausbeutung für das Ökosystem der Meere nicht folgenlos bleibt, doch diese Situation scheint auch nicht abzuschrecken. Die Fischereiindustrie nimmt Meeressäugetieren wie Robben und Walen gegenwärtig wesentliche Glieder ihrer natürlichen Nahrungskette, die ihr infolge der Überfischung zahlreicher Arten zwangsweise ins Visier geraten sind. Das Ende der Meere ist vielleicht nicht das Ende der Welt, aber auf jeden Fall das Ende der Menschheit. Die Geschwindigkeit, in der wir das Ökosystem der Meere zerstören, ist dermaßen hoch, dass wir, um unser eigenes Überleben zu sichern, den industriellen Fischfang sofort einstellen müssten.

Paul Franklin Watson, der am 2. Dezember 1950 in Toronto, Kanada, geboren wurde, machte im Alter von 17 Jahren als Heizer erste Erfahrungen auf einem Dampfschiff in Vancouver, die ihn 1968 dazu bewogen, ein Jahr lang der kanadischen Küstenwache beizutreten, und ein weiteres Jahr später, auf einem norwegischen Frachter anzuheuern, der zwischen Asien und Afrika verkehrte. Die Erfahrungen, die er dort sammeln konnte, mündeten in eine enorme Kenntnis der Weltmeere und die Erkenntnis, dass man sie zum Wohle der Menschen schützen muss. Als Watson sich 1969 gegen Atomtests im Meer engagierte, wurde ihm darüber hinaus klar, dass der Schutz der Meere nicht an den nationalen Grenzen enden darf, sondern nur global funktionieren kann. So wurde er im Jahr 1972 das achte Gründungsmitglied der Greenpeace Foundation. Gemeinsam mit weiteren Gründungsmitgliedern rief Paul Watson 1974 die erste Kampagne zum Schutz der Wale ins Leben. Nachdem Patrick Moore im Jahr 1977 den Greenpeace-Vorsitzenden Robert Hunter abgelöst hatte, manifestierte sich bald eine grundlegende Verschiedenheit der gedanklichen

Ausrichtung Moores und Watsons. Während Moore sich ausdrücklich gegen Aktionen auf hoher See aussprach, sah Watson gerade darin, also in der aktiven Durchsetzung der Einhaltung von Gesetzen gegen illegalen Fischfang auf hoher See, den einzig effektiven Schutz von Meereslebewesen. Das hatte zur Folge, dass Paul Watson noch im selben Jahr die Earthforce Environmental Society ins Leben rief, die schließlich, ebenfalls 1977, zur Gründung der Sea Shepherd Conservation Society führte.

Die Sea Shepherd Conservation Society, die sich von Anfang an ausschließlich aus Spenden finanziert, erwarb 1978 ihr erstes Schiff: die *Sea Shepherd*. Die erste Mission der *Sea Shepherd* führte Watson und seine Crew 1978 nach Ost-Kanada, um das Abschlachten von jungen Sattelrobben zu verhindern oder zumindest zu stören. Dabei trafen sie auf die *Sierra*, einen der damals berüchtigtsten illegalen Walfänger weltweit, deren Mannschaft jahrelang schon Wale für den eigenen Profit abschlachtete. Captain Paul Watson entschied sich, ihn in einer riskanten, aber kalkulierten Aktion zu rammen, um ihn manövrierunfähig zu machen. Anschließend brachten er und seine Crew den Walfänger in einem portugiesischen Hafen zur Strecke. Dies war der Anfang einer Vielzahl von Missionen, die in den kommenden Jahrzehnten auf spektakuläre Weise illegalen Fischfängern das Leben enorm schwer machten, nicht zuletzt im Kampf gegen die *Bandit* 6, eine Flotte aus sechs spanischen Wilderer-Schiffen, der Sea Shepherd in der längsten Verfolgungsjagd von Wilderer-Schiffen in der Geschichte der Seefahrt erfolgreich ein Ende bereitete. Die Organisation hält sich dabei bis heute an den Grundsatz ihrer Gleichheitserklärung, wonach weder Hautfarbe noch Religion oder Nationalität eine Rolle spielt, sondern allein der Kampf für die Bewahrung der Weltmeere und den Schutz ihrer Bewohner.

Trotz gefährlicher Konfrontationen, die häufig in Stürmen und Packeis stattfanden, hat Captain Paul Watson auf über 200 Missionen keines seiner Crew-Mitglieder verloren, so wie auch kein Sea-Shepherd-Mitglied je ernsthaft verletzt wurde. Sowohl in den USA als auch in Costa Rica und Japan versuchten Behörden regelmäßig, Paul Watson und seine Organisation durch behördliche Verfügungen oder haltlose Anschuldigungen zu stoppen, doch obwohl Watson aufgrund einer Unterlassungsverfügung des neunten US-Bezirksgerichts zeitweilig weltweit alle Ämter in der Sea Shepherd Conservation Society niederlegen musste, ist Sea Shepherd als globale Bewegung unaufhörlich gewachsen. Da dieses Urteil aufgehoben wurde, kann Watson heute seine Funktion als Vorsitzender der Sea Shepherd US fortsetzen. Sea Shepherd ist mittlerweile sogar zu weitaus mehr als einer gemeinnützigen international tätigen Organisation geworden, die sich als oberstes Ziel dem Schutz der maritimen Tierwelt verschrieben hat, so wie Captain Paul Watson durch sein Handeln und seinen unermüdlichen Einsatz zum Vorbild und zur Symbolfigur für Aktivisten weltweit geworden ist. Es ist beachtlich, wie sich Tausende von Menschen rund um Sea Shepherd engagieren, um die Artenvielfalt in den Weltmeeren und das Überleben des empflindlichen Ökosystems der Meere für künftige Generationen zu erhalten. Bei der grundlegenden Arbeit, die Sea Shepherd leistet, ist das Dokumentieren und das Veröffentlichen von

Verstößen gegen Meeresschutzgesetze gerade dort, wo staatliche Behörden versagen oder wegschauen, langfristig oft nicht weniger effektiv als die direkte Aktion auf hoher See, die stets der Maxime der aggressiven Gewaltlosigkeit folgt.

Captain Paul Watson steht heute für den kompromisslosen Einsatz für den Erhalt des Ökosystems unserer Ozeane und, in letzter Konsequenz, für die Erhaltung unser selbst. Nur ökologische Unvernunft und reines Profitstreben können davon abhalten, die fortschreitende Zerstörung der Weltmeere ernst zu nehmen oder zu erkennen, dass im Zuge dieser maritimen Destruktion auch unser eigenes Überleben auf dem Spiel steht. Glücklicherweise geht der Plan, der von Sea Shepherd ausgelösten Bewegung durch die Verhaftung von Paul Watson – wie 2012 in Deutschland der Fall – ein Ende zu setzen, um zukünftig ungestört weiter die Ozeane auszubeuten, längst nicht mehr auf. Paul Watson hat mit breiter Unterstützung einer Vielzahl von Menschen aus der ganzen Welt in den letzten Jahrzehnten eine Bewegung geschaffen, die unabhängig von seiner Person wirkt und wächst. »Man kann ein Individuum zugrunde richten und eine Organisation zerschlagen, aber eine Bewegung kann man nicht zerstören«, so Watson, der sich nicht aufhalten lässt, seine ursprünglichen Zielsetzungen – das Überleben der Meereswelt zu sichern und den Menschen vor seinen eigenen destruktiven Gewohnheiten zu bewahren –, trotz aller Hindernisse weiter aktiv umzusetzen.

SEA SHEPHERD

PAUL WATSON, in Toronto, Kanada, geboren, widmet als Aktivist sein Leben dem Meeresschutz. 1972 war Watson Mitbegründer der Umweltschutzorganisation Greenpeace. Allerdings unterschied sich sein Ansatz direkter Handlungsstrategie von den bedingungslos friedlichen Greenpeace-Richtlinien derart, dass er 1977 die Sea Shepherd Conservation Society gründete, eine Direct-Action-Gruppe zur Bekämpfung von Wilderei und zur Erhaltung der Meere. 1993 veröffentlichte er *Earthforce! An Earth Warrior's Guide to Strategy* mit Richtlinien einer effektiven Umweltstrategie, gefolgt von seinem 1995 erschienenen *Ocean Warrior: My Battle to End the Illegal Slaughter on the High Seas*. Paul Watson wurde 2012 als »Umweltaktivist und Abenteurer« wie vor ihm Jacques Cousteau mit dem »Jules Verne Award« ausgezeichnet. Seine Aktivitäten verstrickten ihn in rechtliche Komplikationen mit einigen Ländern, was ihn einen Teil seiner Freiheit kostete. Seit 2013 lebt er in Frankreich.

MICHELE SCIURBA, 1968 in Palermo, Italien, geboren, studierte Philosophie in Frankfurt am Main und Rom. Im European Industrial Relations Observatory (EIRO) wirkte er u.a. als Dozent für Industrie- und Betriebspolitik. Derzeit absolviert er einen Masterstudiengang in International Law an der University of Liverpool. Michele Sciurba ist publizistisch und verlegerisch tätig.

SARAH SCHUSTER, 1985 in Rüsselsheim geboren, studierte Germanistik und Komparatistik in Frankfurt am Main und San Diego, Kalifornien. Sie ist Autorin und Mitherausgeberin des Literaturmagazins und Kollektivs *Otium*. 2015 erschien das Märchen »Cosmos Collaborator« mit Illustrationen der Künstlerin Anna-Sophie Jürgens.

GLOSSAR

Wer ist Sea Shepherd?

Sea Shepherd, gegründet 1977, ist eine internationale gemeinnützige Organisation zum Schutz der marinen Tierwelt. Ihre Mission ist es, die Zerstörung von Lebensräumen und das Abschlachten der Tiere in den Weltmeeren zu beenden, um Ökosysteme und Spezies nachhaltig zu schützen und zu erhalten. Sea Shepherd wendet innovative Taktiken der Direkten Aktion an, um zu ermitteln, zu dokumentieren und wenn nötig einzugreifen, um illegale Aktivitäten auf hoher See aufzudecken und ihnen entgegenzutreten. Durch den Schutz der Artenvielfalt unserer fein ausbalancierten marinen Ökosysteme trägt Sea Shepherd dazu bei, dass sie für zukünftige Generationen erhalten bleiben.

Ziele

Sea Shepherd schützt und verteidigt Meeresbewohner, nicht menschliche Interessen. Sea Shepherd geht dabei ausschließlich gegen illegale Aktivitäten auf hoher See vor, um die Einhaltung von Meeresschutzgesetzen zu gewährleisten, wenn staatliche Exekutivkräfte nicht aktiv werden. Dabei ist das Ziel die Erhaltung des marinen Lebensraumes für kommende Generationen.

Methoden

Sea Shepherd ist keine Protestorganisation, sondern greift, sofern möglich, mit Direkten Aktionen gegen Wilderei-Aktivitäten ein. Sea Shepherd vertritt dabei den Ansatz der »aggressiven Gewaltlosigkeit« und hat seit Gründung der Organisation noch nie jemanden verletzt, geschweige denn getötet.

Logo/Jolly Roger

Der gekreuzte Hirtenstab und Neptuns Dreizack symbolisieren das Verteidigen, Schützen und Erhalten der Meereslebewesen und die Entschlossenheit, für ihre Unversehrtheit zu kämpfen. Der Totenkopf repräsentiert den Tod, den die Menschheit den Ozeanen bringt. Yin und Yang – Wal und Delphin – hingegen symbolisieren das Ziel, das marine Ökosystem wieder ins Gleichgewicht zu bringen.

Hauptkampagnen

ANTARKTIS
Direktes Vorgehen gegen die illegalen Walfangaktivitäten der japanischen Walfangflotte im antarktischen Walschutzgebiet unter Berufung auf die World Charter for Nature und den Beschluss des australischen Bundesgerichts aus dem Jahre 2008.

TAIJI, JAPAN – Operation Infinite Patience
Dokumentieren und Veröffentlichen des jährlichen Delphinmassakers sowie Aufdecken der Verbindungen zwischen dem Abschlachten und dem internationalen Delphinhandel. Direktes Eingreifen ist aufgrund der japanischen Gesetzeslage nicht möglich. Ziel ist es, den Druck der weltweiten Öffentlichkeit so zu steigern, dass die Delphinjagd dort verboten wird.

FÄRÖER INSELN – Operation Ferocious Isles, Operation Grindstop und Operation Sleppid Grindini Dokumentieren und Veröffentlichen des jährlichen Grindwalmassakers. Direktes Eingreifen ist aufgrund der färöischen Gesetzeslage nicht möglich. Ziel ist es, den Druck der weltweiten Öffentlichkeit so zu steigern, dass die Grindwaljagd dort verboten wird. Außerdem wurde das Massaker bei der Europäischen Kommission angezeigt, da die Färöer (als teilautonomes Protektorat Dänemarks) gegen EU-Recht (u.a. Berner Konvention) verstoßen.

SENEGAL – Operation Sunu Gaal
Unterstützung der senegalesischen Regierung beim Überwachen ihres Küstengebiets und Vorgehen gegen illegale Fischerei.

GALAPAGOS
Permanente Anwesenheit vor Ort und aktive Unterstützung der Park Ranger des Galapagos-Nationalparks. Dokumentieren, Überwachen und Überprüfen der Fischereiaktivitäten im dortigen Meeresschutzreservat.

USA – Dam Guardians
In den Bundesstaaten Oregon und Washington werden am Columbia River jährlich Kalifornische Seelöwen gebrandmarkt und getötet, weil sie angeblich zu viele Lachse fressen. Hauptverantwortlich für deren Rückgang sind jedoch die Sportfischerei und der Bonneville Dam. Direktes Eingreifen ist aufgrund der Gesetzeslage nicht möglich. Ziel ist es, durch Dokumentation der Geschehnisse Druck auszuüben und die wahren Hintergründe für den Lachsrückgang aufzudecken.

WELTWEIT – Operation Reef Defense
Aufklärungskampagne über den weltweiten Rückgang von Korallenriffen durch Vermüllung und

Übersäuerung der Meere, Aquarienhandel usw. Durchführung von Beach Cleanups. Sea Shepherd Dive: Sea Shepherd stellt ein Netzwerk zur Verfügung, mit dessen Hilfe die weltweite Tauchergemeinschaft Sea Shepherd aktiv beim Kampf gegen illegale Aktivitäten unterstützen kann, die unsere Meere zerstören.

GOLF VON MEXIKO – Operation Toxic Gulf
Zusammenarbeit mit der Meeresschutzorganisation Ocean Alliance. Ziele: Erforschung der langfristigen Auswirkungen der Deepwater-Horizon-Ölkatastrophe (2010) auf das dortige Ökosystem, insbesondere auf Spitzenprädatoren wie Pottwale, und Veröffentlichung der Ergebnisse.

SÜDPAZIFIK – Operation Requiem
Sea Shepherds Hai-Kampagne verfolgt das Ziel, mit Regierungen, Behörden und anderen Nichtregierungsorganisationen in den betroffenen Gebieten zusammenzuarbeiten, um regionale und nationale Haischutzgesetze durchzusetzen und Aufklärungsarbeit über die wichtige Rolle von Haien im Ökosystem Meer zu leisten.

MITTELMEER – Operation Blue Rage
Dokumentieren und Überprüfen der festgelegten Fangquoten des Blauflossenthunfischs. Direktes Einschreiten, sobald eine Überschreitung der Fangquoten und damit illegale Fangaktivitäten nachgewiesen werden können.

Adressen

Sea Shepherd Deutschland e.V.
Reeder-Bischoff-Str. 18
28757 Bremen

Sea Shepherd Switzerland
8820 Wädenswil

Sea Shepherd Österreich
Verein zum Schutz des Meeres
Postfach 73
1210 Wien

Sea Shepherd Niederlande
& Sea Shepherd Store
Alexander Boersstraat 52
1071 KZ Amsterdam

Sea Shepherd UK
27 Old Gloucester Street
London
WC1N 3AX

Sea Shepherd US
PO Box 8628
Alexandria, VA 22306
USA

Spenden*

Deutschland:
Commerzbank
Sea Shepherd Deutschland e.V.
IBAN: DE45 2904 0090 0234 0065 00
BIC: COBADEFFXXX
https://sea-shepherd.de/unterstuetze-uns/spenden

Schweiz:
CP 140 – 1401 Yverdon-les-Bains
IBAN: CH 49 0900 0000 1289 9073 7
CCP: 12-899073-7
BIC: POFICHBEXXX
donations@seashepherd.ch
http://fr.seashepherd.ch/de/unterstutzt-uns

Österreich:
Sea Shepherd Österreich
Verein zum Schutz des Meeres
IBAN: AT894477000030008123
BIC/SWIFT-Code: VBOEATWWGRA
Waltendorfer Hauptstraße 18,
8010 Graz
info@seashepherd.at
http://www.seashepherd.at/unterstuetze-uns

Global:
Amsterdam, Niederlande
IBAN: NL91 TRIO 0197 7415 33
BIC/SWIFT: TRIONL2U
Triodos Bank
Utrechtseweg 44
3704 HD ZEIST Netherlands
http://www.seashepherdglobal.org/support-us/donate.html

UK:
Account Name: Sea Shepherd UK
Bank: NatWest, Fleet Street, London, UK
Sort Code: 502116
Acc no: 47625317
IBAN: GB61 NWBK 5021 1647 6253 17
BIC: NWBK GB 2L
admin@seashepherduk.org
http://www.seashepherd.org.uk/support-us/ways-to-donate.html

USA:
https://my.seashepherd.org/donate
oder spenden via PayPal an:
donations@seashepherd.org

*Alle Angaben (Stand September 2016) sind ohne Gewähr. Bitte prüfen Sie die Aktualität der Angaben, bevor Sie spenden.

BILDNACHWEIS

Seiten 17-18, Kampagne in der Antarktis, 2005/06

Seiten 19-20, 24-27, 30-31, 36, 38-41, 48-49, Kampagne »Yushin Maru« 2011, Foto: Gary Stokes

Seiten 32-33, Durch eine Schiffsschraube verletzter Wal, Foto: Oktay Kayak

Alle anderen Fotos, wenn nicht anders angegeben: